Alle sind im Hochzeitswahn

Izumi Miyazono

Inhalt

BATTLE.1
Wo eine Ehe ohne Liebe geschlossen wird, entsteht bald Liebe ohne Ehe.
von B. Franklin

003

BATTLE.2
Ein Liebhaber, der nicht taktlos ist, ist überhaupt kein Liebhaber.
von T. Hardy

045

BATTLE.3
Es ist unmöglich zu lieben und weise zu sein.
von F. Bacon

081

BATTLE.4
Ohne Liebe am eigenen Körper erfahren zu haben, kann man die Kraft der Liebe nicht verstehen.
von Abbé Prévost

114

BATTLE.5
Das größte Glück, nächst der Liebe, besteht darin, die Liebe eingestehen zu dürfen.
von A. Gide

149

BONUS-GESCHICHTE
Nanaryus Melancholie

184

Alle sind im Hochzeitswahn ①

BATTLE.1

»Ich will heiraten.«

Ich möchte eine Hausfrau werden.

Es ist nicht so, als würde ich nicht gerne arbeiten gehen, aber ich glaube, dass es gut zu mir passen würde.

Ist das etwa eine veraltete Denkweise?

Die Wertvorstellungen mögen auseinandergehen, aber diese Wahl finde ich am passendsten für mich.

Genauso wie ich von meinen Eltern großgezogen wurde.

Ich möchte ein trautes Heim erschaffen, durch das ich meinen Partner unterstütze und meine Familie behüte.

So eine Zukunft wünsche ich mir ...

BATTLE.1
Wo eine Ehe ohne Liebe geschlossen wird, entsteht bald Liebe ohne Ehe.
von B. Franklin

Koichi?!

Wah!

Du Idiot.

Das ist er doch nicht, Asuka!

Ihr Freund hat sie abserviert?

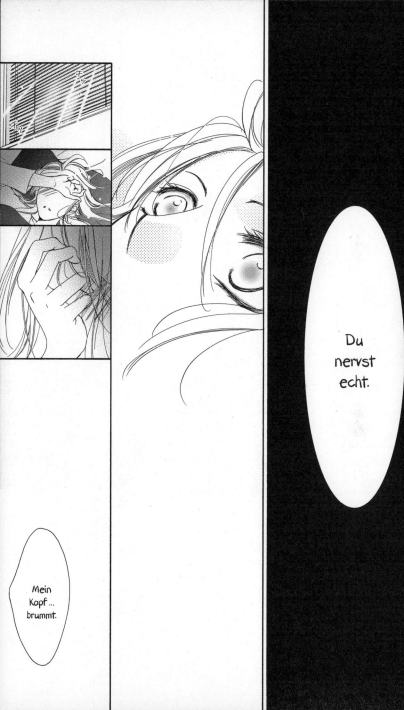

SPLATSCH

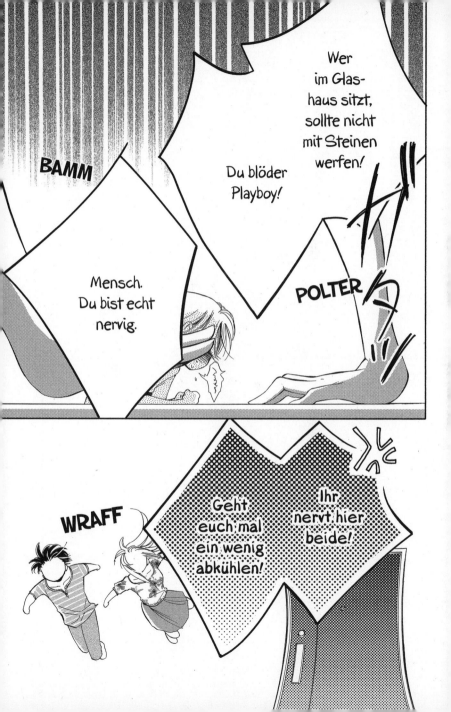

Jetzt hab ich den Salat!

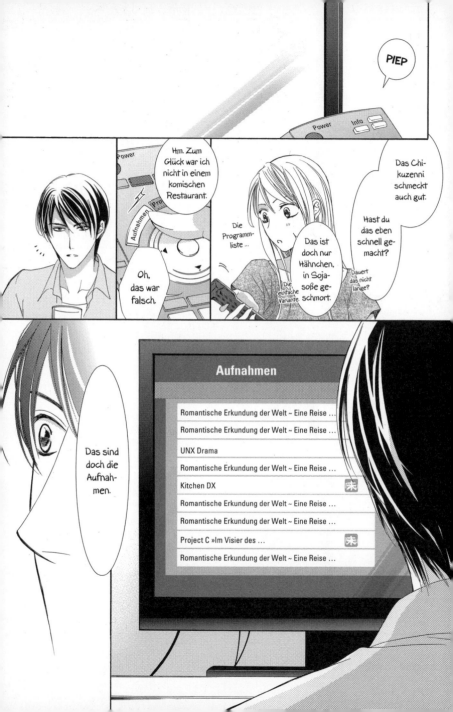

Grußwort

Guten Tag! Ich heiße Izumi Miyazono. Vielen Dank, dass ihr zu *Alle sind im Hochzeitswahn* Band 1 gegriffen habt. Im Mittelpunkt steht das Heiraten und es geht hauptsächlich um Asuka und Ryu. Auch die Beziehung von Rio und Hiroki möchte ich auf eine etwas andere Weise fortsetzen.

Bei dieser Serie wurde ich bei der Recherche unterstützt:

Von Herrn Kengo Komada, einem Fernsehsprecher bei TBS.

Vielen Dank für all die Mühen, obwohl Sie so beschäftigt sind. Ich wusste eigentlich nichts über die Arbeit eines Fernsehsprechers, daher war es für mich eine kostbare Erfahrung, endlose Geschichten von Ihrem Arbeitsplatz beim Sender zu hören.

Am Ende des Bandes habe ich mit *Nanaryus Melancholie* eine Bonusgeschichte gezeichnet. Eigentlich wollte ich nur vier kurze Panels zeichnen, aber dann wurde daraus plötzlich eine richtige Geschichte und sie zu zeichnen hat fast so viel Zeit in Anspruch genommen wie ein normales Kapitel ... Hust, hust. Ich würde mich freuen, wenn sie euch gefällt.

Ich hoffe, wir sehen uns im nächsten Band wieder.

Vielen Dank für alles!

Wenn ihr möchtet, schickt mir doch bitte Eure Eindrücke:

〒101-8001 Tokyo-to Chiyoda-ku Hitotsubashi 2-3-1
Shogakkan Petit Comics-Redaktion z.Hd. Izumi Miyazono

Thank you ♥ Keiko S., Megumi M., Emi Y., Eri S., meiner Redakteurin, meiner Familie

Das war gelogen?

Hach ...

Ich bin so eine Idiotin ...

Izumi Miyazono

- Geboren am 7. September in Niigata, Sternzeichen: Jungfrau, Blutgruppe: A

- Debüt mit *Rezept für Schlaf im Frühling* (veröffentlicht in *Petit Comic* 3/2005)

- Zeichnet derzeit für *Petit Comic*.

Nachricht der Autorin:

Ich wollte eine Geschichte übers Heiraten zeichnen, weil wohl jede junge Frau im Leben einmal darüber nachdenkt. Ich würde mich freuen, wenn ihr Spaß daran habt!

TOKYOPOP GmbH
Hamburg

TOKYOPOP
2. Auflage, 2023
Deutsche Ausgabe/German Edition
©TOKYOPOP GmbH, Hamburg 2021
Aus dem Japanischen von Lasse Christian Christiansen

TOTSUZEN DESUGA, ASHITA KEKKON SHIMASU 1
by Izumi MIYAZONO
©2014 Izumi MIYAZONO
All rights reserved.
Original Japanese edition published by SHOGAKUKAN.
German translation rights arranged with SHOGAKUKAN
through The Kashima Agency.
Original Cover Design: Kaoru KUROKI + Bay Bridge Studio

Redaktion: Sabine Scholz
Lettering: Vibrant Publishing Studio
Herstellung: Mathias Neumeyer
Druck und buchbinderische Verarbeitung:
CPI - Clausen & Bosse GmbH, Leck
Printed in Germany

Wir achten auf die Umwelt.
Dieses Produkt besteht aus FSC®-zertifizierten
und anderen kontrollierten Materialien.

Alle deutschen Rechte vorbehalten. Nachdruck, auch auszugsweise, verboten. Kein Teil dieses Werkes darf ohne schriftliche Genehmigung des Verlages in irgendeiner Form reproduziert oder unter Verwendung elektronischer Systeme verarbeitet, vervielfältigt oder verbreitet werden.

ISBN 978-3-8420-7028-8

www.tokyopop.de

STOPP!

**Dies ist die letzte Seite des Buches!
Du willst dir doch nicht den Spaß verderben
und das Ende zuerst lesen, oder?**

Um die Geschichte unverfälscht und originalgetreu mitverfolgen zu können, musst du es wie die Japaner machen und von rechts nach links lesen. Deshalb schnell das Buch umdrehen und loslegen!

So geht's:

Wenn dies das erste Mal sein sollte, dass du einen Manga in den Händen hältst, kann dir die Grafik helfen, dich zurechtzufinden: Fang einfach oben rechts an zu lesen und arbeite dich nach unten links vor. Viel Spaß dabei wünscht dir TOKYOPOP®!

Charaktere

Ein Mann, der nicht heiraten will

Ryu Nanami

Hoffnungsträger und Moderator beim Sender PTV. Ist von der Zweigstelle in New York zurückgekehrt.

Ich werde nie im Leben heiraten.

Asuka Takanashi

Angestellte einer großen Bank. Sie ist stolz auf ihre Arbeit, möchte aber dringend heiraten.

Eine Frau, die heiraten will

Ich will heiraten und Hausfrau werden.

LOVE is no Where,
LOVE is noW here.

Sind ein Paar ♥
(Aber eine Ehe ist nicht in Sicht.)

Ein Mann, der heiraten will

Hiroki Ono
Älterer Kollege von Asuka und Rio. Wohnt mit Ryu zusammen.

Eine Frau, die nicht heiraten will

Rio
Asukas beste Freundin. Aktuell mit Hiroki liiert.

Story

Die Bankangestellte Asuka Takanashi träumt davon, Hausfrau zu werden, aber ihre Hoffnungen zerbrechen jäh, als ihr Freund, von dem sie eigentlich einen Antrag erwartet hat, sich plötzlich von ihr trennt.

Getröstet wird sie von dem hübschen Fernsehsprecher Ryu Nanami, den sie zuvor auf einer Hochzeit kennengelernt hat. Die beiden treffen sich bei Asukas Kollegen Hiroki wieder, wo Ryu vorübergehend wohnt.

Er verzaubert Asuka mit seinem Charme, möchte aber auf keinen Fall heiraten! Er sieht keinen Sinn in der Ehe, da er eine Affäre mit einer verheirateten Frau hatte.

Obwohl beide unterschiedliche Ansichten zur Ehe haben, fühlen sie sich irgendwie zueinander hingezogen. Ihre Gefühle wachsen und dann werden sie plötzlich ein Paar!

BATTLE.10

Verliebtsein ist
ein Zustand,
zu lieben eine
Handlung.
von Denis de
Rougemont

145

BATTLE.8

Treib deine
Geschäfte voran,
aber lass sie dich
nicht treiben!
von Benjamin
Franklin

076

BATTLE.6

Warte nicht.
Der Zeitpunkt
wird niemals
perfekt sein.
von Napoleon
Hill

005

BONUS-GESCHICHTE

Nanaryus
grobe Worte

181

BATTLE.9

Die Streitigkeiten
der Liebenden sind
die Erneuerung
der Liebe.
von Terenz

111

BATTLE.7

Man sollte keine
Angst vor der Kritik
anderer haben.
Schließlich ist sie
ein Nährboden
für Wachstum.
von Thomas Edison

041

Alle sind im
Hochzeitswahn ②

Ich möchte heiraten, aber ...

Der Mann, den ich liebe, will nicht heiraten.

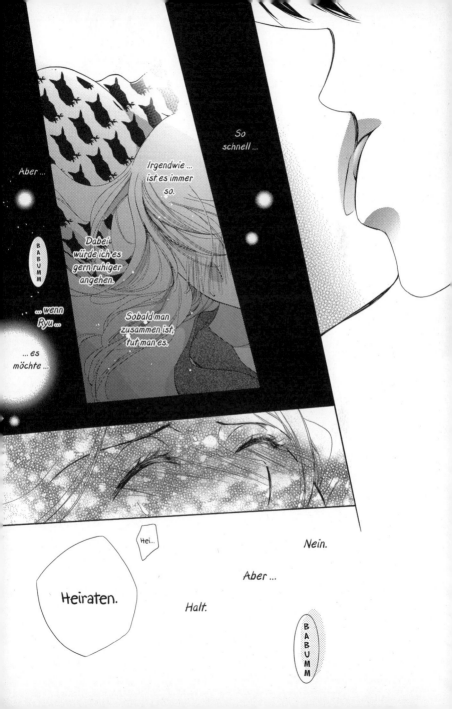

20:31

21:44

Produzent Himura ruft an

Alle sind im
Hochzeitswahn

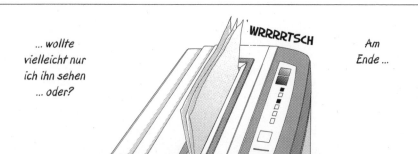

#

Then,
love is now...

BATTLE.10
Verliebtsein ist ein Zustand,
zu lieben eine Handlung.
von Denis de Rougemont

Alle sind im
Hochzeitswahn

KNALL

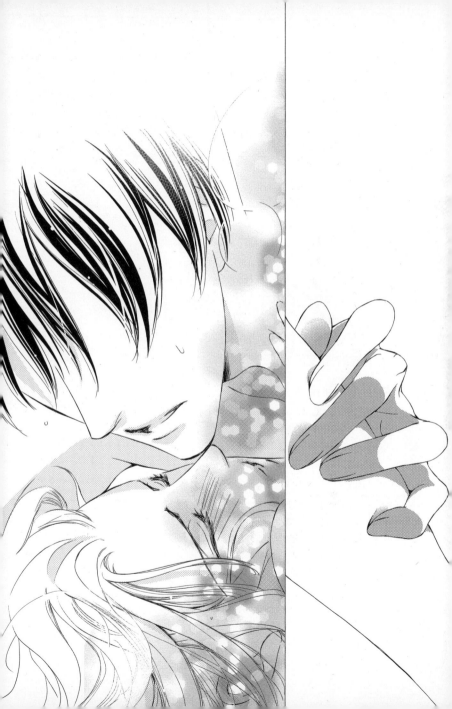

BOTSCH

D... Du bist unmöglich...

Dabei hab ich mich doch schon geschminkt! Also lass das!

Dabei...

... warst du eben so niedlich.

Grußwort

Guten Tag! Ich heiße Izumi Miyazono. Vielen Dank, dass ihr zu *Alle sind im Hochzeitswahn* Band 2 gegriffen habt. Der Liebeskampf zwischen Asuka und Ryu geht auch im dritten Band weiter!

Diesmal wurde ich bei der Recherche unterstützt von:

Hirotake Kai von NHK
Gen Hamura von NHK

Vielen Dank für all die Mühen, obwohl Sie so beschäftigt sind.

Für diesen Band habe ich die Bonusgeschichte *Nanaryus grobe Worte* gezeichnet. Irgendwie ... ist es zur Nanaryu-Reihe geworden. Was für einen Nanaryu zeichne ich wohl nächstes Mal? Hi hi hi. Ha ha. Es ist das erste Mal, dass ich in einer Serie solche Kurzgeschichten für die Bände zeichne, daher fühlt es sich aufregend und frisch an.
Ich hoffe ihr habt alle Spaß an diesen Nanaryu-Sonderfolgen. ♥

Ich hoffe, dass wir uns im dritten Band wiedersehen werden.

Vielen Dank für alles!

Wenn ihr möchtet, schickt mir doch bitte Eure Eindrücke.

101-8001 Tokyo-to Chiyoda-ku Hitotsubashi 2-3-1
Shogakkan Petit Comics-Redaktion z.Hd. Izumi Miyazono

Thank You ♥ Keiko S., Megumi M., Emi Y., meiner Familie, meiner Redakteurin und allen, die mit dem Manga zu tun hatten.

Izumi Miyazono

- Geboren am 7. September in Niigata, Sternzeichen: Jungfrau, Blutgruppe: A

- Debüt mit *Rezept für Schlaf im Frühling* (veröffentlicht in *Petit Comic* 3/2005)

- Zeichnet derzeit für *Petit Comic*.

Nachricht der Autorin:

Der zweite Band. Ich finde, dass Asuka und Ryu zwar verschieden sind, sich aber dennoch irgendwie ähneln. Eigentlich ... gefällt mir Mikami besonders gut und ich hab wirklich unfassbar großen Spaß an allen Szenen, in denen er auftaucht. Hi hi.

TOKYOPOP GmbH
Hamburg

TOKYOPOP
1. Auflage, 2022
Deutsche Ausgabe/German Edition
© TOKYOPOP GmbH, Hamburg 2022
Aus dem Japanischen von Lasse Christian Christiansen

TOTSUZEN DESUGA, ASHITA KEKKON SHIMASU 2
by Izumi MIYAZONO
© 2014 Izumi MIYAZONO
All rights reserved.
Original Japanese edition published by SHOGAKUKAN.
German translation rights arranged with SHOGAKUKAN
through The Kashima Agency.
Original Cover Design: Kaoru KUROKI + Bay Bridge Studio

Redaktion: Sabine Scholz
Lettering: Vibrant Publishing Studio
Herstellung: Alina Kronenberg
Druck und buchbinderische Verarbeitung:
CPI – Clausen & Bosse GmbH, Leck
Printed in Germany

Wir achten auf die Umwelt.
Dieses Produkt besteht aus FSC®-zertifizierten
und anderen kontrollierten Materialien.

Alle deutschen Rechte vorbehalten. Nachdruck, auch auszugsweise, verboten. Kein Teil dieses Werkes darf ohne schriftliche Genehmigung des Verlages in irgendeiner Form reproduziert oder unter Verwendung elektronischer Systeme verarbeitet, vervielfältigt oder verbreitet werden.

ISBN 978-3-8420-7029-5

www.tokyopop.de

STOPP!

**Dies ist die letzte Seite des Buches!
Du willst dir doch nicht den Spaß verderben
und das Ende zuerst lesen, oder?**

Um die Geschichte unverfälscht und originalgetreu mitverfolgen zu können, musst du es wie die Japaner machen und von rechts nach links lesen. Deshalb schnell das Buch umdrehen und loslegen!

So geht's:

Wenn dies das erste Mal sein sollte, dass du einen Manga in den Händen hältst, kann dir die Grafik helfen, dich zurechtzufinden: Fang einfach oben rechts an zu lesen und arbeite dich nach unten links vor.
Viel Spaß dabei wünscht dir
TOKYOPOP®!